Hier gibt es viele Tiere.

Man darf sie streicheln.

Man darf sie füttern.

Hier gibt es Ziegen.

Kleine Ziegen sind süß.

Hier gibt es Hühner.

Hühner fressen Körner.

Hier gibt es Hasen.

Die Hasen schnuppern.

Hier gibt es Meerschweinchen.

Meerschweinchen sind flauschig.

Hier gibt es Schafe.

Schafe sind weich.

Hier gibt es Esel.

Esel sind schön.

Hier gibt es viele Tiere.

# Lesetexte mit Silbentrenner

## Neues aus Mildenberg

Geschichten von Mia, Mio und ihren Freunden
Jedes Heft: DIN A5, 20 Seiten, vierfarbig, geheftet, Hörangebot online

Heft 1 – 10

Weitere Informationen und weitere Titel der Reihe unter:
**www.mildenberger-verlag.de/941**

Weitere Informationen unter:
**www.mildenberger-verlag.de/321**

ISBN 978-3-619-04420-7

ISBN 978-3-619-04421-4

ISBN 978-3-619-04422-1

ISBN 978-3-619-04423-8

ISBN 978-3-619-04424-5

ISBN 978-3-619-04425-2

ISBN 978-3-619-04426-9

ISBN 978-3-619-04427-6

ISBN 978-3-619-04428-3

ISBN 978-3-619-04429-0

**Lesestufe 1 Komplettpaket**

| | |
|---|---|
| Print | 978-3-619-04460-3 |
| Digital-Lizenz, 120 Monate, mit Vorlesefunktion | 978-3-619-92228-4 |
| Print & Digital | 978-3-619-92468-4 |

Weitere Lesetexte mit Silbentrenner:
**www.mildenberger-verlag.de/silbe**

Bestell-Nr. 440-23
ISBN 978-3-619-04423-8

# Mama und ich

Mildenberger

Wir sprechen in Silben, aber wir sehen Buchstaben.
Wie kann das Erstlesekind in den Wörtern die Silben finden? Ganz einfach mit dem farbigen Silbentrenner. Dieser ist die entscheidende Lesehilfe. Kann das Kind flüssig lesen, gelingt der Umstieg auf einfarbige Texte problemlos. Und das Beste: Der farbige Silbentrenner hilft auch bei der Rechtschreibung.

Weitere Informationen zur Silbenmethode:

**www.silbenmethode.de**

*Impressum*

**Mama und ich**
von Nicole Brandau und Stefanie Drecktrah

**Bestell-Nr. 440-24**
**ISBN 978-3-619-04424-5**

10. Auflage 2025


www.mildenberger-verlag.de
E-Mail: info@mildenberger-verlag.de



Grafik: Mildenberger Verlag GmbH
Logo: Achim Schulte, 44263 Dortmund
Fotos: alle © jörn buchheim – stock.adobe.com

Druck: EuroPrintPartner GmbH & Co. KG, 77694 Kehl
Gedruckt auf umweltfreundlichen Papieren

## Lesestufen

| Stufe | | Komplettbezug Bestell-Nr. |
|---|---|---|
| 1 | kurze, einfache Sätze | **440-60**<br>**440-90** |
| 2 | kurze, erweiterte Sätze | **440-61**<br>**400-01** |
| 3 | mehrere zusammenhängende Sätze auf einer Doppelseite | **440-62**<br>**400-02** |
| 4 | Eine fortlaufende Geschichte wird erzählt. | **440-63**<br>**400-03** |
| 5 | fortlaufende Geschichte, größerer Textumfang | **440-64**<br>**400-04** |